Pedro Calderón de la Barca

Sueños hay
que verdad son

Barcelona **2024**
Linkgua-ediciones.com

Créditos

Título original: Sueños hay que verdad son.

© 2024, Red ediciones S.L.

e-mail: info@Linkgua-ediciones.com

Diseño de cubierta: Michel Mallard

ISBN tapa dura: 978-84-1126-092-3.
ISBN rústica: 978-84-96290-21-1.
ISBN ebook: 978-84-9953-458-9.

Sumario

Brevísima presentación

La vida

Pedro Calderón de la Barca (Madrid, 1600-Madrid, 1681). España.

Su padre era noble y escribano en el consejo de hacienda del rey. Se educó en el colegio imperial de los jesuitas y más tarde entró en las universidades de Alcalá y Salamanca, aunque no se sabe si llegó a graduarse.

Tuvo una juventud turbulenta. Incluso se le acusa de la muerte de algunos de sus enemigos. En 1621 se negó a ser sacerdote, y poco después, en 1623, empezó a escribir y estrenar obras de teatro. Escribió más de ciento veinte, otra docena larga en colaboración y alrededor de setenta autos sacramentales. Sus primeros estrenos fueron en corrales.

Lope de Vega elogió sus obras, pero en 1629 dejaron de ser amigos tras un extraño incidente: un hermano de Calderón fue agredido y, éste al perseguir al atacante, entró en un convento donde vivía como monja la hija de Lope. Nadie sabe qué pasó.

Entre 1635 y 1637, Calderón de la Barca fue nombrado caballero de la Orden de Santiago. Por entonces publicó veinticuatro comedias en dos volúmenes y La vida es sueño (1636), su obra más célebre. En la década siguiente vivió en Cataluña y, entre 1640 y 1642, combatió con las tropas castellanas. Sin embargo, su salud se quebrantó y abandonó la vida militar. Entre 1647 y 1649 la muerte de la reina y después la del príncipe heredero provocaron el cierre de los teatros, por lo que Calderón tuvo que limitarse a escribir autos sacramentales.

Calderón murió mientras trabajaba en una comedia dedicada a la reina María Luisa, mujer de Carlos II el Hechizado. Su hermanó José, hombre pendenciero, fue uno de sus editores más fieles.

Los sueños

Un tema eterno, lo real y lo imaginario... Sueños hay que verdad son pertenece a la serie de Autos sacramentales inspirados en la Biblia.

El argumento bíblico relata que un faraón sueña que está a la orilla del río y ve siete vacas robustas y luego otras siete vacas flacas que se comían a las primeras. El faraón despierta, vuelve a dormirse y sueña que siete espigas buenas y hermosas son devoradas por otras siete espigas flacas.

El faraón llama a todos los adivinos de Egipto, pero éstos no consiguen interpretar el sueño. Entonces el jefe de los coperos le dice al faraón que hay un joven hebreo encarcelado que les había aclarado unos sueños que él y el panadero habían tenido. El faraón llama a José. Éste dice que habrán siete años de gran abundancia en Egipto y luego otros siete años de escasez. Aconseja al faraón que recoja la quinta parte de las cosechas y las guarde para comerlas en los siete años de escasez.

El faraón en agradecimiento nombra a José gobernador de Egipto. Se quita un anillo de su mano y lo pone en la mano de José; lo viste de blanco, le entrega un collar de oro y le da por esposa a la sacerdotisa Asenet.

Personajes

Asenet
Aser
Bato
Benjamín
El Alcaide
El Copero
El Panadero
El Rey
El Sueño
Gad
Isacar
Jacob
Josef
Judás
La Castidad
La Fe
Leví
Manasés
Músicos
Neftalí
Rubén
Simeón
Sombra 1
Sombra 2
Zabulón

Acto único

(Sale la Castidad, dama, coronada de flores, y el Sueño.)

Sueño   ¿Dónde me llevas, hermosa
                 virtud, que entre los diversos
                 coros de cuantas virtudes
                 siguen al legal Cordero,
                 tú sola los crespos rizos   5
                 coronas de tus cabellos,
                 de cuantas vírgenes rosas
                 guarnecen los rizos crespos
                 de todas las demás, dando
                 a entender que en tu obsequio   10
                 todas se complacen? ¿Dónde
                 me llevas (a decir vuelvo)?;
                 porque siendo, como eres,
                 en tantos Sagrados Textos
                 triunfante laurel, que arrastra   15
                 los no fáciles trofeos
                 de la lid de los sentidos,
                 vencedores de sí mesmos,
                 parece que hace no poca
                 repugnancia a tu respecto   20
                 que la virtud, que es de todas
                 las virtudes ornamento,
                 me traiga a centro que es
                 de todos los vicios centro.
                 Esta es la cárcel de Egipto;   25
                 bien claro te dice el serlo
                 que es la posada que alberga
                 por huéspedes de aposento
                 al homicidio y al robo,
                 al fraude y al adulterio.   30

¿Pues, cómo cabe en razón
(repito otra vez) que siendo
(si no lo han dicho las señas,
tu nombre lo diga excelso)
la castidad, que es la suma   35
pureza, que vence a un tiempo,
para los triunfos del alma,
las rebeliones del cuerpo;
y ella la sentina, donde
el político gobierno   40
de la república arroja
los perniciosos desechos,
que son escorias del siglo,
tú te atreves a entrar dentro,
sin temor de que te empañe   45
el vapor de sus alientos?
Y aun no cesa aquí mi duda,
sino en que para este efecto
aparentemente hayas
tomado el semblante bello   50
de Asenet, hermosa hija
del sacerdote del Templo
de Heliópoli, ciudad del Sol,
y aun ella, el Sol mesmo.
Sepa, pues, de estas dos dudas   55
la causa, porque suspenso,
hasta oír tu voluntad
tendrás a mi entendimiento.

Castidad   Vaga fantasía, que sabes
                    hacer con tus devaneos   60
                    la quietud de los sentidos,
                    de los sentidos estruendo,
                    pues cuando para el descanso

te ha introducido el sosiego,
traidoramente has sabido 65
sacar del descanso el riesgo;
fantástica aparición,
que en imágenes de viento,
bien como yo de Asenet
(por complacerme en objeto 70
tan gloriosamente amable,
tan amablemente honesto)
la forma tomé, tomaste,
por complacerte, en Morfeo
tú de su negro semblante 75
lo adusto, pálido, y yerto:
ya, a la una de las dudas
te he respondido, supuesto
que el haber vestido tú
sombras, y luces yo, a efecto 80
habrá sido de hacer más
representable un concepto,
en que importa que seamos
debajo de los dos velos
de Morfeo y Asenet, 85
yo la Castidad, tú el Sueño;
y aunque también a la otra
duda responderte puedo,
en cuanto a que sea una cárcel
campaña de nuestro duelo, 90
no lo he de hacer hasta que
te digan mis sentimientos
la razón con que quejarme
de tu sinrazón pretendo.
Y, pues no tiene el oírlo 95
la fuerza que tendrá el verlo,
llega conmigo. ¿Qué escuchas?

(Dentro voces y cadenas.)

Sueño	Lo que ves, escucho y veo:
	de la cadena el ruido
	y de la queja el lamento. 100
Castidad	Retírate ahora, y atiende
	a su pavoroso acento.
(Dentro.)	¡Ah del calabozo!
Todos	¿Quién
	es quien llama?
(Dentro.)	Allá va un preso,
	que, esclavo, para que sirva 105
	a todos, envía su dueño.

(Salen el Copero y el Panadero con prisiones.)

Los dos	¿Esclavo, para que sirva
	a todos, envía su dueño?
Copero	¿Quién será este desdichado,
	tan desdichado que siendo 110
	esclavo a ser preso venga
	dos veces cautivo, puesto
	que servidumbre y prisión
	le están doblando los hierros?
Panadero	Será algún facineroso 115
	que su amo tenga por menos
	mal, darle a una cárcel que
	sufrirle en casa.

14

Copero	¡Que luego
	te has de ir hacia lo peor!
	¿No puede ser, que sea, ¡ay, cielos!,	120
	otro infeliz que sin culpa
	padezca, cual yo padezco?

Panadero	También padezco sin ella
	yo; mas no he de creer por eso
	que no padezcan culpados	125
	los demás.

| Copero | A ver lleguemos |
| | quién será este preso. |

(Sale Josef de cautivo, con cadena.)

Josef	Quien,
	por saber que aqueste seno
	es sepultura de vivos,
	penosamente contento,	130
	tiene por buena fortuna
	ser en él esclavo vuestro.

| Copero | Alza del suelo. ¡Qué talle |
| | tan airoso y bien dispuesto! |

| Panadero | Si tiene talle de dar | 135 |
| | la patente, será bueno. |

Josef	Un mísero esclavo era
	en la casa de mi dueño;
	un mísero esclavo soy
	aquí, pues a servir vengo:	140
	¿qué puedo tener que dar?

Panadero	Jaqueta y birrete.
Copero	Eso, no es justo que tú lo digas, ni nadie, que no es bien hecho afligir al afligido, principalmente sujeto tan rendido.
Panadero	Ya querrás dél compadecerte.
Copero	Es cierto. La buena presencia es el sobrescrito primero de las cartas de favor que escribe piadoso el cielo, encomendando a quien quiere que gane el primer afecto de los demás.
Panadero	Ya eso es filosofar, y no quiero estarte oyendo piedades toda la vida.
(Vase.)	
Copero	¿Qué puedo hacer mejor? Y más, cuando presumo que no vi aspecto en mi vida más amable. ¿De dónde eres?

Líneas: 145, 150, 155, 160

Josef	Soy hebreo.
Copero	¿De qué tierra?
Josef	De Canaán.
Copero	¿Tu nombre?
Josef	Josef.
Copero	«Aumento» significa.
Josef	Soylo de ansias.
Copero	¿Qué derrotados sucesos te han traído a Egipto?
Josef	Son tales, tan tristes y tan adversos, que son más para sentidos que contados.
Copero	Pues no quiero afligirte la memoria. Este es mi albergue. Copero fui de Faraón; esotro camarada, Panadero. Indiciados de un delito estamos, pero yo espero que presto saldremos libres. He dicho de paso esto, porque sepas hasta entonces

165

170

175

rancho y señas, que es inmenso   180
el tráfago de esta cárcel,
y no será fácil luego
volver aquí sin noticias,
adonde que tengas, quiero,
algún abrigo. Y ahora,   185
ve a otras partes discurriendo,
que pues vienes a servir,
según entendí, no quiero
malquistarte, con que sea
mi agrado tu privilegio.   190

(Yéndose.)

Josef   Perdóneme tu piedad,
             señor, si no la agradezco,
             que es ésta la vez primera
             en que obligado me veo
             a agradecer, porque soy   195
             tan desdichado en extremo
             que nunca le vi la cara
             al favor; y así, no he puesto
             cuidado en aprender cómo
             habla el agradecimiento.   200

Copero   Id con Dios.
(Aparte.)   Sobre galán,
             parece el joven discreto.
             El corazón me ha quebrado
             verle tan mísero.

(Vase.)

Josef   ¡Cielos!

Si, que porque serví leal,   205
no supe agradar a un dueño,
¿cómo he de agradar a tantos?
¡Oh, nunca hubieran mis sueños
despertado aquella envidia
que en este estado me ha puesto!   210

(Vase.)

Castidad   Cuanto pudiera decir
yo, gastando mucho tiempo
en encarecer sus penas,
ha dicho él en un momento.
De aquellos sueños se queja   215
en que le empeñaste, viendo
los haces de sus hermanos,
que sin impulsos del viento,
de sus doradas espigas
doblaban los rubios cuellos,   220
como obedeciendo al suyo;
y añadiendo empeño a empeño,
le hiciste también soñase
Sol, Luna y estrellas puestos
a sus pies. No sé si arguya   225
si fue cuerdo, o no fue cuerdo,
en revelarlo, porque
no hay error donde hay misterio;
y así, baste por ahora
que por baldón y desprecio   230
el soñador le llamaron,
cuya envidia fue creciendo
tanto, que desde el cariño
de hermano se pasó a ceño
de enemigo, de enemigo   235

a empozado; y no contentos,
desde empozado a vendido,
y desde vendido a preso.
Dirásme que por qué yo
tanto sus favores siento,   240
y responderéte, que es
porque en el mundo no tengo
otro alguno que venere
más mi alto merecimiento.
Por no empañar mi pureza,   245
por no ofender a su dueño,
atento a la religión
cuanto a la lealtad atento,
a la más blanda sirena,
al áspid más halagüeño,   250
al más traidor cocodrilo,
al más familiar veneno,
y a la más incauta hiena,
sordo a la voz, mudo al ruego,
inmoble al llanto, y veloz   255
a la fuga, venció huyendo.
Pero, ¿qué mucho? ¿Qué mucho,
si al lunado monstruo fiero
supo dejarle la capa?;
siendo así, que algún ingenio   260
(no menos que iluminado)
dijo que si desde el cielo
una piedra se arrojara,
detenerse fuera menos
prodigio, en el aire, que   265
un hombre en la ocasión puesto.
Pues siendo así que tú fuiste
a sus ruinas fundamento,
y yo estoy de sus victorias

obligada a ser el premio, 270
¿qué extrañas que aquí te traiga,
a que veas el extremo
en que tus sueños le tienen,
por si pudiesen tus sueños,
ya que acarrearon el daño, 275
solicitarle el remedio?
Bien sé que Dios es primera
causa, que de Él dependemos,
y que sin Él, tú ni yo
no valemos nada; pero 280
también sé que quiere Dios
que para rastrear lo inmenso
de su amor, poder, y ciencia,
nos valgamos de los medios
que, humano modo aplicados, 285
nos puedan servir de ejemplo.
Y pues lo caduco no
puede comprehender lo eterno,
y es necesario que para
venir en conocimiento 290
suyo haya un medio visible
que en el corto caudal nuestro,
del concepto imaginado
pase a práctico concepto,
hagamos representable 295
a los teatros del tiempo
que el hombre que se ejercita
en una virtud, es cierto
que cuando él está penando,
le está ella favoreciendo. 300
Y no pare aquí el discurso,
pues también es argumento
que en términos satisface

Dios; dígalo Job, pues vemos,
que por los pasos que fue   305
bajando, volvió subiendo,
de lo excelso a lo abatido,
de lo abatido a lo excelso.
Luego bien, cuando que vuelva
a su libertad pretendo,   310
no en vano de ti me valgo,
por ver si antes con el cielo
y después contigo, logro
el que en los términos mesmos
que los sueños le agraviaron,   315
le desagravien los sueños.
Mísero, pobre, afligido,
no solo ya esclavo, pero
esclavo de muchos, hoy
en tus manos te le dejo.   320
Vuelve por él, y por mí,
no tanto porque pretendo
que en su miseria enternezca
a tu horror su sufrimiento;
no tanto porque vea el mundo   325
que no compiten trofeos
la noble virtud del alma
y vil propensión del cuerpo,
cuanto porque en ese joven
hay visos, luces, y lejos   330
de mayor asunto que hoy
hasta destinado tiempo
anda rebozado en sombras;
y así, desde aquí atendiendo
a sus acciones, si vieres   335
sobre el aborrecimiento
de sus hermanos, y sobre

venderle en traje de siervo,
y estar preso, que hay en él
sobrenaturales hechos: 340
mírale siempre a dos luces,
y verás que todo esto
va encaminado a que anda
aquí oculto y encubierto
algún misterio, que venga   345
a ser en los venideros
siglos, venciendo las sombras,
misterio de los misterios,
milagro de los milagros,
portento de los portentos,   350
y en fin, luz, verdad, y vida
del más alto sacramento.

(Vase.)

Sueño   ¡Oye, aguarda! No tan solo
               confuso, absorto y suspenso
               mi entendimiento ha dejado   355
               (que esto no es mucho, supuesto
               que el sueño siempre fue oscuro
               pasmo del entendimiento)
               sino también convencido,
               que es más. ¿De cuándo acá suelo   360
               dejarme yo convencer
               de la razón? Pero miento,
               que en sueños ha revelado
               Dios infinitos secretos;
               y cuando no hubiera otros,   365
               bastara a suplir por ellos
               el de su padre en la escala
               que abrazaba tierra y cielo.

	Luego, si hay aquí virtud	
	que ruega, y yo me convenzo,	370
	aquí hay Dios que manda. Pues,	
	¿qué aguardo que no obedezco?	
(Canta.)	Dormid, dormid, mortales,	
	que el grande y el pequeño	
	iguales son lo que les dura el sueño.	375
	Mortales, que en la cárcel	
	del mundo vivís presos,	
	no tan solo los hierros arrastrando,	
	mas también arrastrados de los yerros:	
	dormid, dormid, al son		380
	de mi músico acento,	
	que mudas consonancias de la vida	
	son también las quietudes del silencio.	
	Dormid, dormid, no solo	
	hoy al descanso atentos		385
	pero atentos a ver qué es lo que quiere	
	en vuestras sombras revelar el cielo.	
	Y vosotras, ideas,	
	que en fantásticos cuerpos	
	representáis como retratos vivos	390
	ansias y gozos a sentidos muertos,	
	ved que Dios, conmovido	
	de una virtud al ruego,	
	en términos nos manda que las ruinas	
	que el sueño destruyó, restaure el sueño.	395

(Salen Copero y Panadero.)

Él con la Música	Dormid, dormid, mortales,
	que el grande y el pequeño
	iguales son lo que les dura el sueño.

24

(Vase el Sueño.)

Copero	¿Qué perezoso letargo	
	es el que sobre mí tengo?	400
Panadero	Parece que hubo patente,	
	según que todo me duermo.	
Copero	¿Qué haré yo para vencer	
	esta pesadez que tengo?	
Panadero	Lo que yo: echarse a dormir.	405
Copero	¿A esta hora?	
Panadero	Aqueso es lo mesmo	
	que comer, porque el reloj	
	da cuando gana no tengo,	
	y cuando tengo la gana,	
	esperar a que dé. Necios,	410
	comer cuando hubiere hambre,	
	dormir cuando hubiere sueño,	
	que no han de ser nuestras tripas	
	las cuerdas de su instrumento.	
Copero	Deja locuras. Aquí,	415
	a mi pesar, me recuesto.	
Panadero	Yo, a mi placer, que dormido,	
	no sé si estoy libre o preso;	
	o dígalo aquel cantar	
	que dijo en no sé qué versos:	420

(Con esta repetición van saliendo los dos bofetones.)

Música	Dormid, dormid, mortales,
	que el grande y el pequeño
	iguales son lo que les dura el sueño.

(Recuéstanse los dos, divididos: el Copero en el carro donde está el bofetón en que ha de salir la Sombra que ha de venir debajo de la vid; y el Panadero debajo del que ha de traer la Sombra de las aves y canastillos de pan; y dando vuelta ambos bofetones encontrados, cantan.)

Sombra 1	El pan que del rocío	
	se amasó de los cielos	425
	cuando en hermosa aurora, blanda nube	
	trajo la luz, la sombra, y el sustento...	
Sombra 2	El generoso vino	
	que dio racimo bello	
	cuando de Promisión la fértil Tierra	430
	sucedió a la aspereza del desierto...	
Sombra 1	...con permisión de Dios	
	al hombre se lo llevo;	
	mas, ¡ay de aquel que en culpa se le roban	
	funestas aves, que le dan al viento!	435
Sombra 2	...con permisión de Dios	
	al hombre lo prevengo,	
	felice en gracia, aquel para quien savia	
	le exprimo, lo recojo, y lo conservo.	
Sombra 1	De pájaros nocturnos	440
	en vano lo defiendo.	
Sombra 2	En vano intentan malograr los frutos	

26

	ni el granizo, ni el ábrego, ni el cierzo.	
Sombra 1	¡Ay de quien no lo adore...	
Sombra 2	¡Feliz quien sea su dueño...	445
Sombra 1	...pues si le come en culpa, es pan de muerte!	
Sombra 2	...pues si en gracia lo bebe, es de los cielos!	
Todos y Música	Dormid, dormid, mortales, que el grande y el pequeño iguales son lo que les dura el sueño.	450

(Despiertan despavoridos.)

Panadero	¡Huye, infausta sombra horrible!	
Copero	¡No huyas, dulce asombro bello!	
Panadero	Mas yo iré huyendo de ti...	
Copero	Mas yo iré en tu seguimiento...	
Panadero	...que hasta perderte de vista...	455
Copero	...que hasta alcanzarte...	

(Sale Josef.)

Josef	¿Qué es esto? ¿Tan asustados los dos, despavoridos y inquietos, cuando yo con alborozo	

	de qué es, a serviros vuelvo? 460
Panadero	No te admires...
Copero	No te espantes...
Panadero	...que una pena...
Copero	...que un contento...
Panadero	...aun es de dolor soñada.
Copero	...aun soñado se huye presto.
Josef	Si yo tuviera licencia 465 para preguntar, bien creo que me moviera la justa curiosidad de saberlo.
Copero	Aunque de los sueños no hay que hacer caso, confieso 470 que la viva aprehensión de éste me obliga a hacer más aprecio dél que de otros sueños.
Panadero	Yo puedo asegurar lo mesmo, y por deshacerme dél, 475 le he de decir. Oye atento: como en nuestra fantasía siempre el sueño nos retrata aquello que más se trata en los discursos del día, 480 fue fácil que yo soñase

(que al fin panadero soy)
que del floreado pan que hoy
dispuse que se amasase
para el Rey, tres canastillos,   485
blanco y sabroso llevaba,
y vi que, cuando esperaba
en la real mesa servillos,
en el camino embestían
tropas de funestas aves   490
que, nocturnamente graves,
cebadas en él, hacían
tales presas que mis gozos
murieron a breves plazos;
pues, devorado a pedazos   495
y desmenuzado a trozos,
aun migajas no dejaron,
y si las dejaron, fue
para el viento, puesto que,
hechas átomos, volaron   500
de suerte que aquel contento
en que esmeraba mi oficio,
después de ser desperdicio
de aves, fue estrago del viento.

Copero   Yo soñé (porque también   505
sean especies del día
las que hoy en mi fantasía
señas de mi oficio den)
que vía en un prado ameno
una vid hermosa y bella,   510
y de los pámpanos de ella
todo su follaje lleno
de tan dulce fruto opimo
que, fértilmente lozano,

era un rubí cada grano   515
y un ámbar cada racimo.
De uno, que entre dos pendía
del sarmiento superior,
soñé que el blanco licor
con una mano exprimía,   520
cuyo líquido tesoro
nada se desperdiciaba,
porque al exprimirle estaba
yo con una copa de oro
en la otra mano, de modo   525
que un átomo no perdía,
pues todo lo recogía,
con que se lograba todo.

Josef   ¡Oh, válgame el cielo! ¡Cuánto
               campo la imaginación   530
               con una y otra visión
               corre! ¿Desperdicio tanto
               en pan? ¿Tanto logro en vino?
               ¿Allí ruina, y aquí aumento?
               De algún alto sacramento,   535
               de algún misterio divino,
               luces uno y otro dan,
               pero tan en sombras hoy
               que pienso que viendo estoy
               vida y muerte en vino y pan.   540

Copero   ¿Cómo habiéndonos oído,
               mudo, absorto y elevado
               parece que te has quedado
               sin habernos respondido?

Josef   Como cuando a ambos escucho,   545

	me ofuscan vuestros diseños,	
	que entiendo mucho de sueños,	
	porque ha que me cuestan mucho;	
	y así, no sé si me obliga	
	más el que aquí al discurrir,	550
	calle lo que he de decir,	
	que lo que he de callar diga.	
Los dos	En tal duda es, a mi ver,	
	mejor decir que callar.	
Josef	¿Si es pesar?	
Panadero	Porque es pesar.	555
Josef	¿Si es placer?	
Copero	Porque es placer.	
Panadero	Porque al que pesar tocó,	
	pueda resguardarse dél.	
Copero	Y al que el placer, es cruel	
	cosa ocultársele.	
Josef	Yo,	560
	aunque bien quisiera aquí...	
Los dos	Habla.	
Josef	...por no dar dolor,	
	no dar gusto, hay superior	
	causa. En fin, ¿he de hablar?	

Los dos	Sí.	
Josef	Pues en acción tan unida	565
	que una en otra se convierte,	
	hay pan, que es vida y es muerte,	
	hay vino, que es muerte y vida.	
	Libre tú en tu indicio estás,	
	tú convencido en tu indicio:	570
(Al Copero.)	tú volverás a tu oficio,	
(Al Panadero.)	y tú presto morirás.	
Panadero	Mucho cuidado me diera	
	interpretación tan rara,	
	si de ti no imaginara	575
	que inútil venganza era	
	de aquel primer lance, en quien	
	te pedí.	
Copero	Ten acción tal,	
	y no aprecio hagas del mal,	
	pues yo no le hago del bien.	580
Panadero	¿Cómo no? Pues, aunque digo	
	que no he de creer su agüero,	
	no por eso de embustero	
	he de excusar el castigo.	
Copero	Mira que en su amparo puesto	585
	estoy yo.	
Panadero	También estoy	
	yo en su ofensa.	
Josef	Entre ambos hoy	

tengo de morir.

(Al irse a embestir, se pone Josef en medio, deteniendo al uno con una mano y al otro con la otra; se detienen los dos, mirándole suspensos.)

Los dos   ¿Qué es esto?

Panadero   ¿Quién me pudo suspender?

Copero   ¿Quién me ciega en nueva luz?   590

Josef   Cuando, a manera de cruz,
                 entre ambos me llego a ver,
                 segundo misterio muestra
                 ver que su furor impida
                 a la diestra el que es de vida,   595
                 y el de muerte a la siniestra.

(Vuelve a querer embestirle.)

Panadero   Mas, ¿quién me podrá impedir
                 muerte a un vil esclavo dar?

(Sale el Alcaide.)

Alcaide   Mal hace en querer matar
                 quien tiene por qué morir,   600
                 pues habiendo ya salido,
                 conforme a justicia y ley,
                 la sentencia, manda el Rey
                 que tú, que estás convencido
                 en tu culpa, mueras.

Panadero   ¡Cielos!   605

¿Qué escucho?

Alcaide	Y que tú, que estás
	sin culpa (porque jamás
	te obsten pasados recelos),
	a servir su copa vuelvas,
	restituido a tu honor, 610
	a su gracia y su favor;
	y pues es bien te resuelvas
	tú a obedecer a tu suerte,
	con este negro cendal
	cubro tu rostro, en señal 615
	de estar condenado a muerte.

(Échale un velo negro por el rostro.)

| Panadero | ¡Ay, infelice de mí! |
| | En fin, mi culpa pagué. |

| Copero | ¡Felice yo, que llegué |
| | a ver este día! |

Alcaide	De aquí 620
	ven tú; y tú, cuando quisieres,
	podrás salir, que ya abierta
	y franca tienes la puerta.

(Vanse los dos. Alcaide y Panadero.)

Copero	Abrázame tú, que eres
	a quien debo las albricias 625
	de esta dicha, pues tú fuiste
	quien primero la previste.

34

Josef	Si es que pagarlas codicias,
	con una cosa podrás.
Copero	¿Qué es?
Josef	Que te acuerdes de mí; 630
	y puesto que desde aquí
	a servir a tu Rey vas,
	le digas el duro exceso
	con que yo padezco; y pues
	sabes cuán penoso es 635
	estar inocente y preso,
	duélete, por Dios, de mí,
	que es mi mal tan infinito
	que si cometí delito,
	es que no le cometí. 640
Copero	Tan compadecido voy
	de dejarte, mas no quiero,
	sin merecerlas primero,
	gracias. Palabra te doy,
	y con fe y mano prometo 645
	el que he de volver por ti.
Josef	¿Palabra, fe, y mano?
Copero	Sí,
	yo la doy.
Josef	Y yo la acepto.
(Vase el Copero.)	Hermosas luces, en quien miro atento,
	con rasgos y bosquejos desiguales, 650
	el número infinito de mis males
	y la esfera capaz de mi tormento:

¿cuál de vosotras, cuál desde su asiento
es la que influye en mí desdichas tales?
¿Cuál de vosotros, astros desiguales,   655
a su cargo tomó mi sufrimiento?
Tú me parece que serás, ¡oh estrella!,
la más pobre de luz, la más oscura.
Oyeme tú, que para ti prevengo,
ya pensarás que digo una querella;   660
no, sino un galardón por la ventura
que no me has de quitar, pues no la tengo.
Y ya que mis dichas hoy
todo su consuelo fundan
en que, faltándome todas,   665
no puedo perder ninguna,
hidrópico de desdichas,
ahora al contrario arguya
en que, pues todas las tengo,
¿por qué ha de faltarme una?   670
Esta es no habiendo podido
saber de mi padre nunca;
saber de una vez que yace
muerto a manos de mi injuria;
porque no acierto a encontrar,   675
por más que en ello discurra,
qué habrán dicho mis hermanos
para salvarse en disculpa
de mi venta. Pero no
se la habrán dicho es sin duda,   680
que la traición siempre viste
los disfraces de la astucia.
Mas, ¡ay de mí!, que no pueden
haber hallado ninguna,
que ya que encubra su error,   685
mi falta a mi padre encubra.

¡Ay, anciano padre mío!
¿Quién duda?, ¡ay de mí!, ¿quién duda
que ella habrá acabado ya
contigo, según la suma   690
terneza con que, por hijo
de Raquel, cuya hermosura
tanto te costó, me amabas?
Y aunque sé que no me escuchas,
te suplico, ¡oh padre mío!,   695
Benjamín mi falta supla.
Más parecido es que yo
a la hermosa madre suya;
y pues tienes el espejo
en él de aquella difunta   700
hermosa beldad, que el fértil
campo de Belén sepulta,
no me eches menos a mí.
Y tú, Benjamín, procura
que se consuele contigo;   705
hazle amorosas ternuras,
que caduca edad renace
cuando en los hijos caduca.
Mas, ¡ay!, que en vano este ruego
será, si vuelvo a la angustia   710
de que el pesar le habrá muerto
con el dolor de mi fuga,
que la más fácil razón
que habrá encontrado la industria
de mis hermanos, será   715
que no saben de mí. ¡Oh, suba
mi llanto al cielo! Quizá
entre sus virtudes puras
habrá alguna que, piadosa,
no porque de mí presuma   720

que merezco su favor
sino por la piedad suya,
haciéndome saber cómo
la traición le disimulan,
y qué hizo él, mi duda venza.   725

(Sale la Castidad, atravesando el tablado por delante dél.)

Castidad   Sí habrá, que hasta que una duda
                  vehementemente aprehendida
                  forme fantasmas confusas;
                  es tan piadosa licencia
                  que no ha menester disculpa.   730
                  Juzga tú cómo sería,
                  quizá verás lo que juzgas.

(Vase.)

Josef   ¡Oye, aguarda, escucha, espera!
                  Mas ¡ay cielos, qué locura!
                  Jurara que la beldad   735
                  de una divina hermosura
                  se me había puesto delante.
                  ¡Cuánto una aprehensión perturba
                  los sentidos! Y aun no cesa
                  en que ella aparezca y huya,   740
                  sino que también jurara
                  que veo que en la espesura
                  de Canaán, con Benjamín
                  anda mi padre en mi busca;
                  en cuyo pasmo, el sentido   745
                  absorto atender procura,
                  por si ilusión que se ve
                  es ilusión que se escucha.

38

(Ábrese el carro, y haciendo en el aire tablado y vestuario, sale Jacob, viejo venerable, con Benjamín, de zagal.)

Jacob	¡Cuánto, hermoso Benjamín,	
	cuidados de amor madrugan!	750
	Desde que envié a Josef	
	a ver si crecen fecundas	
	las crías, y en lo que entienden	
	tus hermanos, con ser suma	
	siempre su presteza, no	755
	ha vuelto, pues aunque suban	
	de Siquén a Dotaín	
	buscando pastos, ya acusa	
	su tardanza mi amor.	
Benjamín	¿Cuándo	
	tardanza de amor no es mucha?	760
Jacob	¿Son celos, Benjamín?	
Benjamín	¿Yo,	
	celos de Josef? ¡Qué injusta	
	sospecha! Que yo y Josef	
	somos dos cuerpos con una	
	alma, un alma con dos cuerpos;	765
	estrecho lazo nos junta,	
	como, en fin, hijos los dos	
	de Raquel.	
Jacob	¡Cuánto me gusta	
	que tanto os améis! Y pues	
	mi amor y tu amor se aúnan,	770
	y es ya interés de los dos	

	buscarle, a subir me ayuda	
	a aquel ribazo, de donde	
	más el camino descubra,	
	por si adelanta la vista	775
	el gozo de verle.	

Benjamín   Excusa
                  la diligencia, que allí
                  vienen ya Rubén y Judás,
                  Isacar y Manasés,
                  que dirán de él.

(Salen los dichos hablando aparte. Traen envuelto en un tafetán una tunicela roja, y ellos de pastores.)

Rubén   Pena dura   780
                  es, que queráis que yo sea
                  el que tal dolor le anuncia.

Judás   Tú has de ser, pues por mayor
                  tendrás, Rubén, más cordura,
                  no solo en fingir el hecho   785
                  pero en suavizar la angustia.

Jacob   ¿Cómo, cuando a mi presencia
                  llegáis, nadie me saluda,
                  y para no hablar, parece
                  que andáis conciliando excusas?   790
                  ¿Cómo mi Josef no viene
                  con vosotros? ¡Pena injusta!
                  ¿No merece más respuesta
                  que lágrimas mi pregunta?
                  ¿Qué es esto? ¿Todos calláis,   795
                  y todos lloráis?

Rubén	Si apuras
	tanto nuestro dolor, fuerza
	será, ya que no articula
	el labio, que hable esta vez
	más retórica y más muda. 800
	¿Conoces...

(Descubre el tafetán.)

| Jacob | ¡Ay, infelice! |

| Rubén | ...esta talar vestidura |
| | que a Josef hiciste? |

Jacob	No,
	que son cifras muy oscuras
	que yo se la diese a él blanca 805
	y él me la vuelva purpúrea.
	¿Qué ha sido esto?

Rubén	Una fiera,
	la más fiera y más sañuda
	de cuantas aborta el monte,
	parto horrible de sus grutas, 810
	al pasar de Dotaín
	el valle, de entre sus rudas
	quiebras salió, ensangrentando
	en su tierna sangre pura
	de sus colmillos las presas 815
	y de sus garras las uñas.
	Despedazado el cadáver
	hallamos, y en mil menudas
	partes la túnica, y...

41

Jacob	¡Calla,	
	calla!, que es tu lengua aguda	820
	flecha envenenada, que	
	en mil repetidas puntas	
	el corazón me penetra	
	con cada voz que pronuncia.	
	¡Ay, Josef del alma mía!	825

(Toma la túnica.)

Benjamín	¿Cómo esto mi amor escucha	
	y no muere de dolor?	
Jacob	¡Funestas, tristes, impuras	
	prendas, por mí mal halladas!	
	¿Qué os hizo esta edad caduca	830
	para que de mi mejor	
	espejo eclipséis la Luna?	
	Si era la luz de mis ojos,	
	¿por qué me dejáis a oscuras,	
	viendo la flor de sus años	835
	en su primavera mustia?	
	En el cristal que bebía	
	el licor de sus dulzuras,	
	¿por qué con sangre queréis	
	que beba ponzoña turbia?	840
	¡Ay, Josef! Pésima fiera	
	te dio muerte. ¿Quién lo duda?	
	Pésima fiera sería.	
	Señor (antes que discurra	
	en que a la envidia le dieron	845
	ese apellido mil plumas),	
	permitid que este dolor	

	dé conmigo en las oscuras	
	mansiones que a tantos padres	
	depositados sepultan.	850

(Vase.)

Benjamín	¡Ay de mí!, que de mi padre	
	la pena, aunque es grande, es una,	
	pero en mí son dos, que siento	
	la de Josef y la suya.	

(Vase.)

Rubén	En fin, ¿qué quisisteis ver,	855
	sin darme lugar que acuda	
	de la cisterna a sacarle,	
	esta lástima?	

Isacar	Hizo Judas	
	tan presto la venta.	

Judás	Eso	
	no es de aquí.	

Los cuatro	¿Qué, nos acusas?	860
	No soñara él, y no viera	
	tan deshecha su fortuna.	

(Vanse, y ciérrase el carro.)

Josef	¡Aguarda, detente, espera!	
	¡No huyas, ilusión, no huyas,	
	hasta que sepa mi padre	865
	que vivo y...!	

43

(Sale el Copero.)

Copero   ¿Dónde apresuras
el paso?

Josef   No sé, no sé.

Copero   No dirás que mis venturas
me olvidan de ti.

Josef   Ya veo
la gran piedad que te ilustra.   870

Copero   Pues no solo vengo a verte,
que vengo por ti. ¿Qué dudas?

Josef   Si es dicha, ¿no he de dudarla?

Copero   Pues aun es mayor que juzgas.
Este el anillo del Rey   875
es, que tu libertad jura,
y el Rey es quien por ti envía.

Josef   ¿Por mí el Rey?

Copero   Sí.

Josef   ¿Cómo?

Copero   Escucha:
Soñó el Rey... pero mejor
el camino lo descubra.   880
No perdamos tiempo; ven

donde te aguarda.

Josef   Fortuna,
         no sea esto ilusión también;
         mira si de mí te burlas,
         que para ilusión es poca   885
         y para verdad es mucha.

(Vanse, y sale por una parte Asenet, dama, y todos —músicos, hombres y mujeres con ella— y empezando a cantar, sale el Rey por otra parte, paseándose suspenso.)

Asenet   ¿Quién es aquel que, cabiendo
         en corta abreviada esfera,
         quiere que quepa en él todo
         el ámbito de la tierra...   890

Toda laMúsica ...y no por eso deja
         de haber lugar en qué caber la queja?

Dama1   El humano corazón,
         que vive en cárcel estrecha,
         y el mayor reino, por más   895
         que lo ocupe, no lo llena;
         y no por eso deja
         de haber lugar en qué caber la queja.

Dama2   El gran Faraón de Egipto
         lo diga, puesto que reina   900
         en cuantos cotos el Nilo
         baña, fertiliza y riega...

Música   ...y no por eso deja
         de haber lugar en qué caber la queja.

Rey	Suspended, suspended de vuestras voces	905
	los ecos, que aunque dulces y veloces	
	pueblan el aire en métrica armonía,	
	no son remedio a la tristeza mía.	

Asenet	Viendo, señor, que todos	
	cuantos te aclaman solicitan modos	910
	contra esa melancólica tristeza,	
	el coro, cuya métrica destreza	
	al Templo de Heliópoli servía	
	cuando su sacerdote me vivía,	
	mi padre, y yo en él era	915
	de sus sacerdotisas la primera,	
	de tonos e instrumentos prevenida,	
	quise hoy tenerte al paso,	
	por si lograse, acaso,	
	la dicha yo de haberte divertido.	920

Rey	¡Ay, hermosa Asenet! En vano ha sido,	
	que aunque yo la fineza te agradezco,	
	la pena que padezco	
	es tal que, porque más su dolor sienta,	
	lo mismo que la alivia, la acrecienta;	925
	y hasta saber qué es lo que quiso el cielo	
	en mis sueños decir, no habrá consuelo	
	para mí; y ya es en vano el esperalle,	
	puesto que no es posible que le halle	
	el número infinito	930
	de tantos sabios mágicos de Egipto,	
	pues ninguno me quieta mi deseo.	

(Salen Copero y Josef.)

Copero	Este es Josef, aquel esclavo hebreo que te dije que había interpretado el sueño de los dos.
Josef	Y el que postrado 935 logra primero y último consuelo hoy a tus reales pies.
Rey	Alza del suelo.
Josef (Aparte.)	¡Cielos! ¿Qué es lo que miro? ¿No es aquella la divina beldad que vi, sin vella?
Rey	¿De dónde eres?
Josef	De tierra 940 de Canaán.
Rey	Pues no habiendo habido guerra en tu edad entre hebreos y gitanos, ¿adónde cautivaste?
Josef	Tan tiranos mis casos son, que con contarlos muero
(Aparte.)	por no infamar las cosas que más quiero. 945 Quien pudo me vendió; ismaelitas fueron, señor, los que mi compra y venta hicieron.
Rey	¿Y por qué estabas preso después de ser esclavo?
Josef	Menos eso puedo decir, muriendo consolado 950 de padecer sin culpa ni culpado

47

al precio de que quede de mí honrada
una mujer con culpa y disculpada;
y pues mi propia pena
no he de honestar a costa de honra ajena,   955
y nada te ha importado
que otro sea ruin para que yo sea honrado,
de mí te sirve en esta corta esfera
en cuanto Dios iluminarme quiera.

Asenet   ¡Qué cuerdamente atento   960
                calló el cómplice, y dijo el sentimiento!

Rey   Aunque a lo que has venido
                no dudo que lo traigas ya sabido,
                con todo, he de decirlo, por si acaso
                no lo contaron bien. Este es el caso: 965
                yo soñé que de un río a la ribera
                siete vacas bellísimas salían,
                y cuando de sus márgenes pacían
                las esmeraldas de la primavera,
                vi que otras siete de la undosa esfera,   970
                tan flacas que esqueletos parecían,
                saliendo contra ellas, consumían
                la lozanía de su edad primera.
                Después vi siete fértiles espigas,
                lágrima cada grano del rocío,   975
                y otras siete, que en áridas fatigas
                sin granarlas abril, taló el estío,
                y lidiando unas y otras enemigas,
                venció lo seco con llevarlo el río.

Josef   Que el río jeroglífico haya sido   980
                del tiempo, gran señor, prueba es bastante,
                que siempre corre y siempre va adelante,

sin que nunca haya atrás retrocedido.
Luego es el tiempo de quien ha nacido
en espigas y vacas lo abundante,   985
y es el tiempo también el que, inconstante,
todo lo deja a nada reducido.
Siete fértiles años imagina
en espigas y vacas, cuyo halago
en otros siete estériles termina;   990
y pues te avisa el golpe en el amago,
la abundancia prevén contra la ruina
y la felicidad contra el estrago.

Rey   Dame los brazos, que nadie
de cuantos en esto hablaron   995
quietaron mi corazón
sino tú. Dame los brazos,
digo otra vez, y pues habla,
según el sumo descanso
que en mí introducen tus voces,   1000
en ti tu Dios; y veo cuanto
tu infusa divina ciencia
excede a todos los sabios
que tiene Egipto; has de ser,
ya que preveniste el daño,   1005
el que el remedio prevenga;
para cuyo efecto mando
que a tu obediencia estén todos,
desde el más noble vasallo
al más humilde, porque   1010
no esté el puesto desairado
sin autoridad, que el lustre
hace respetuoso al cargo:
comprometiéndome en ti,
virrey de Egipto te hago;   1015

49

de mi púrpura te viste,
toma mi anillo, y en tanto
que, con mi collar al cuello,
en el más triunfante carro
salgas en público, donde 1020
cuantos te encuentren al paso
doblen la rodilla, ven
ahora a mi diestro lado,
y venid delante todos,
dándole común aplauso. 1025

Unos   ¡Viva Josef!

Otros   ¡Josef viva!

Rey   Oíd, escuchad, qué extraño
ese nombre a nuestro idioma,
y pues traducirse es claro
en la siríaca lengua 1030
Josef, salvador, en altos
ecos: «¡Viva el salvador!»
decid, pues viene a salvarnos
el amenazado riesgo
a que fuimos condenados. 1035

Todos   ¡Viva el salvador de Egipto!

Josef   ¿Quién creerá, oh piadosos astros,
que sean otros los que duermen
y sea yo el que estoy soñando?

Rey   Tú, bellísima Asenet, 1040
pues preveniste, no acaso,
tus coros para otro efecto,

	mejore asuntos el canto	
	en su alabanza.	
Asenet	Sí haré,	
	que aunque no me debió agrado	1045
	ningún hombre hasta hoy, y fue	
	siempre mi ceño su agravio,	
	no sé qué tiene este joven,	
	que sin violencia el recato	
	me inclina a su obsequio; ella	1050
	sin duda fue, con que en cuantos	
	milagros viendo estoy, es	
	éste el más bello milagro.	
Rey	¿Qué esperáis? Todos venid.	
	Decid conmigo, cantando:	1055
	Puesto que ser salvador...	
Música	Puesto que ser salvador...	
Rey	...de Egipto, Josef previene...	
Música	...de Egipto, Josef previene...	
Rey	...diga el popular clamor:	1060
Música	...diga el popular clamor:	
Rey	Bendito sea el que viene	
	en el nombre del Señor.	
Música	Bendito sea el que viene	
	en el nombre del Señor.	1065

Rey	Pues de sus iras esquivas
	por él nos rescata el cielo,
	aclamaciones festivas
	echen las capas al suelo,
	y de palmas y de olivas 1070
	corone el fértil verdor
	sus sienes, que bien conviene
	decir todos en su loor:
TodosyMúsica	Bendito sea el que viene
	en el nombre del Señor. 1075

(Éntranse todos, llevándose al Rey en medio Josef y Asenet, y todos echan los mantos en el suelo al pasar; y sale por otra parte el Sueño.)

Sueño	¿Bendito sea el que viene
	en el nombre del Señor?
	No en vano aquella divina
	hermosa virtud, que tanto
	le favorece, me dijo 1080
	que, sus acciones notando,
	vería en él lejanas luces
	de asunto que hoy embozado
	hasta destinado tiempo,
	anda en sombras; y no en vano 1085
	yo le obedecí. Mas ¿qué
	logro, consigo, ni alcanzo,
	si no alcanzo ni consigo,
	ni logro, por más que hago
	en su favor, luz ni seña 1090
	de aquel inmenso, aquel alto
	sacramento que me dijo
	que de todo este aparato
	había de ser cumplimiento?

Y así, he de apurar si salgo   1095
de esta duda. Nueva hermosa
deidad, que excedes al ampo
de la nieve en la pureza,
pues yo acudí a tu mandato,
acude a mi ruego tú.   1100
Vuelve, vuelve al soberano
disfraz, que en forma visible
quiso hacer a los teatros
del mundo representable
tu amor y mi desagravio.   1105

(Sale la Castidad.)

Castidad   ¿Qué es lo que me quieres?

Sueño   Que
veas que arguye a contrario
mi invocación a la tuya.

Castidad   ¿Cómo?

Sueño   Como si guiaron
tus voces a un calabozo,   1110
las mías guían a un palacio.
Tú me llevaste a que viese
ansias, penas, y trabajos,
y yo a que veas trofeos,
dichas y glorias te traigo.   1115

(Chirimías y atabalillos.)

(Dentro.)   ¡El gran salvador de Egipto
viva!

Sueño	Mira en triunfal carro	
	cómo salvador le aclama	
	el pueblo, y cómo los varios	
	males que causaron sueños	1120
	en términos satisfago	
	con las ventajas que hay	
	desde el baldón al aplauso,	
	desde la miseria al triunfo,	
	y desde la ruina al lauro;	1125
	y, pues que ya obedecida	
	de mí te miras, en cuanto	
	a causa segunda (puesto	
	que es de la primera el mando),	
	en premio de mi obediencia,	1130
	salir de una duda aguardo.	
	Tú me dijiste que anda	
	en estos visibles rasgos	
	de embozo un misterio, que es	
	milagro de los milagros;	1135
	y así, humilde te suplico	
	me le adelantes en algo	
	que pueda ser de mi duda	
	arrimo, si no descanso.	
Castidad	Sí haré, mas con una salva.	1140
Sueño	¿Qué es?	
Castidad	Que los dos parezcamos	
	lo que somos; esto es,	
	como personas tratarnos	
	alegóricas, y no	
	reales, pues con eso es llano	1145

54

que no habiendo en los dos tiempo
ni lugar, daremos paso
a que la interpolación
(como si acabara un acto
y empezara otro) nos supla   1150
la síncopa de los años,
dando por vividos siete
fértiles, con que empezando
los estériles, verás
en el pósito o erario   1155
del trigo, que ha recogido
de la abundancia el espacio,
cómo le reparte a pobres
y ricos, no exceptuando
personas.

Sueño   Eso deseo.   1160

Castidad   Pues ven conmigo a lo alto
                   del monte de la visión,
                   patrimonio hereditario
                   de Josef, pues si en él fue
                   Isaac, su abuelo, retrato   1165
                   de quien también él lo ha sido,
                   justo es que convenga en ambos
                   el mirar desde su cumbre
                   cómo se pueblan los campos
                   de racionales hormigas   1170
                   que próvidas, tras el rastro
                   de la paja que se lleva
                   el Nilo, buscan el grano;
                   en cuya distribución
                   verás que hasta a sus hermanos   1175
                   socorre, sin acordarse

de que le fueron ingratos;
pues subiendo de Canaán
a Egipto... mas no perdamos
tiempo. Ven conmigo.

Sueño   Ya   1180
               me parece que mirando
               estoy, que en su busca llegan
               diciendo:

(Vanse los dos, y salen Rubén, Judas, Isacar, Zabulón, Gad, Aser, Neftalí,
Manasés, Simeón, y Leví, de pastores.)

Rubén   Pues ya miramos
               desde aquí las altas torres
               del suntuoso palacio   1185
               del gobernador de Egipto,
               lleguemos a él, confiados
               en que su gran providencia
               no dejará, por extraños,
               de socorrernos, supuesto   1190
               que a todos socorre.

Judás   Es tanto,
               según dicen, liberal,
               piadoso, apacible, y blando
               que lo será con nosotros.

Isacar   Pues a buen tiempo llegamos.   1195

Zabulón   ¿Cómo?

Neftalí   Como me parece,
               según el séquito y fausto

56

	que le acompaña, que es él	
	el que sale.	
Manasés	No es engaño,	
	pues lo asegura el que todos	1200
	a él se arrodillan.	
Simeón	Hagamos	
	nosotros lo mesmo.	
Leví	Y sea,	
	porque se mueva a escucharnos,	
	hablándole a nuestro modo	
	desde luego, con el canto	1205
	de que usan nuestros mendigos.	
Gad	Si lo somos, pues llegamos	
	limosna a pedir, ¿qué haremos	
	en parecerlo?	
Aser	Postrados	
	le esperemos.	
Rubén	Va de voces,	1210
	que mezclen música y llanto.	

(Salen Josef, el Copero, y otros.)

Unos (Representan.)	Ya que del cielo el favor	
	para consuelo te envía	
	con nombre de Salvador...	
Otros (Cantan.)	El pan nuestro de cada día,	1215
	dánoslo hoy, señor.	

Josef	Este tono y este idioma,
	¿no es hebreo? ¡Cielos santos!
	¿Aquí hebreo idioma y tono?
	Mas ya lo que estoy mirando	1220
	vence a lo que vine oyendo.
	¿No son estos mis hermanos?
	No con poca admiración
	de oírlos y verlos me espanto;
	pero infórmense mejor	1225
	oídos y ojos.

Unos (Representando.)

La agonía
nuestra goce tu favor.

Otros (Cantando.)   El pan nuestro de cada día,
dánoslo hoy, señor.

Josef	Ellos son, con que ya el cielo	1230
	el primer sueño ha explicado,
	de que habían de adorar
	sus haces al mío. ¡Oh presagio
	inescrutable, que el trigo
	aquí y allá, todo es pasmo!	1235
	Pues ellos no me conocen
	(¿qué mucho, si es el estado
	mío feliz?), disimule.
	Mas, ¿cómo he de poder, cuando
	me están instando alma y vida	1240
	a que me arroje a abrazarlos?
	Mayormente, cuando escucho
	que me dice su quebranto
	en el mísero clamor

	con que moverme porfía,	1245
	procurando mi favor.	
Todosy Música	El pan nuestro de cada día,	
	dánoslo hoy, señor.	
Josef	A pesar del corazón,	
	que por salir a los labios	1250
	me está latiendo en el pecho,	
	aun más que a golpes, a saltos,	
	disimular me conviene	
	hasta saber más de espacio	
	(sin saber que hablan conmigo)	1255
	de mi padre y de mi amado	
	Benjamín; no sea que haya	
	mis desdichas heredado,	
	que es el aborrecimiento	
	infelice mayorazgo	1260
	con herederos forzosos.	
	Alzaos de la tierra, alzaos,	
	y decid quién sois, de dónde	
	venís, y a qué.	
Rubén	Soberano	
	príncipe de Egipto, a quien	1265
	puso el cielo en este cargo	
	para redentor, no solo	
	suyo, mas también de cuantos	
	convecinos reinos vienen	
	tu providencia buscando:	1270
	hebreos somos de nación,	
	aunque hoy en tierra habitamos	
	de Canaán, desde que Dios	
	mandó por sus juicios altos	

a nuestro abuelo Abrahán   1275
que, casa y patria dejando,
a peregrinar saliese,
huyendo los simulacros
idólatras de Caldea;
pero esto aquí no es del caso...   1280
La grande esterilidad
que ha que padecen siete años
estos orientales climas,
a tanto extremo ha llegado
en Canaán que hoja ni flor,   1285
hierba, ni planta ha quedado
que arista no sea, o espina.
Fuentes y arroyos negaron
manantiales y corrientes,
con tal sequedad avaros   1290
que aun mueren de sed los ríos,
y de hambre y sed los ganados,
pues en la más fértil dehesa,
y en el más puro remanso,
al triste, inútil, y estéril   1295
malogro de siete años,
hallan catorce febreros,
sin ver en balsa ni prado
más que guijas por bebida,
ni más que terrón por pasto.   1300
Pero, ¿qué mucho, señor,
si al inclemente fracaso
perecen las gentes, siendo
solo consuelo en su estrago
ver que, abierta en duras grietas,   1305
la tierra está bostezando
horrores, como quien dice?
Piedad es que, si el poblado

todo es cadáveres, sea
todo sepulcros el campo.   1310
Bien pudiéramos nosotros,
pues jóvenes nos hallamos,
peregrinar a otras tierras,
pero tenemos un lazo
tan estrecho que nos tiene   1315
atados de pies y manos.
Hermanos somos los diez,
y un venerable, un anciano
padre que no ha de seguirnos
(que pesan mucho los años),   1320
nos detiene, y nos obliga
a que para él vengamos,
aun más que para nosotros,
el trigo, señor, buscando
que quisiere concedernos   1325
tu piedad. Para pagarlo
traemos dineros, y pues
cuando está el cielo cerrado,
en tu mano ha puesto Dios
la llave de sus candados,   1330
no por nosotros, por nuestro
(Vuelve la espalda   viejo padre... ¡Ay de mí! Cuando
Josef.)   más pensaba enternecerte,
¿vuelves la espalda, mostrando
que no me atiendes?

Unos   ¡Señor!   1335

Otros   ¡Señor!

Josef   Ellos han pensado
que es sequedad, y es terneza;

que es descariño y es llanto.
Pero cobrarme me importa,
hasta ver si es fino o falso   1340
este afecto, y el contraste
ha de ser mi desagrado.
¿Hermanos sois?

Todos   Sí, señor.

Josef   ¡Lucida tropa de hermanos!
                 Y ¿fuisteis más?

Rubén   Otros dos.   1345

Josef   Pues, ¿cómo allá se quedaron,
                 y no vienen con vosotros?

Rubén   Como el uno murió a manos
                 de una fiera.

Josef   Bien. ¿Y el otro?

Rubén   Le excusan sus pocos años   1350
                 de caminos.

Josef (Aparte.) ¡Oh, no sea
                 que le hayan muerto!
                 Ahora acabo
                 de saber que sois espías,
                 y que venís a engañarnos
                 con los pretextos del trigo,   1355
                 para saber de este estado
                 las defensas, por el odio
                 que siempre con los gitanos

	tenéis los hebreos, y hacernos	
	guerra después.	
(Aparte.)	Esto hago,	1360
	no viniendo Benjamín,	
	por el temor que me ha dado	
	que, por hijo de Raquel,	
	de él no hayan hecho otro tanto	
	como de mí.	
Todos	No presumas,	1365
	señor, que...	
Josef	Basta, que en vano	
	es persuadirme a que crea	
	que no es traidor vuestro trato;	
	y mientras no me traigáis	
	a esotro menor hermano,	1370
	a que yo vivo le vea,	
	ningún crédito he de daros,	
	sino en vez...	
(Aparte.)	¿Quién vio jamás	
	dos afectos tan contrarios	
	como severo el amor	1375
	y enternecido el agravio?	
	...sino en vez de hallar en mí	
	piedad, que todos hallaron,	
	castigo hallaréis.	
Todos	¿Qué es esto?	
Rubén	¿Qué ha de ser? Es que pagamos	1380
	de un hermano en el amor	
	el odio del otro.	

Judás	Es claro.
Gad	En términos nos castiga el cielo.
Josef	¿Qué estáis hablando entre vosotros? ¿Es veros 1385 convencidos?
Rubén	Lo que hablamos no es, señor, sino pensar que si por Benjamín vamos (que éste es del muchacho el nombre), será arrancarle un pedazo 1390 del corazón al buen viejo.
Judás	Y quizá su amor fiarlo de nosotros no querrá.
Josef	¿Por qué, siendo sus hermanos? ¿Habéis de echarle en un pozo, 1395 o venderle a los extraños, o darle a las fieras?
Rubén	¿Qué hombre es éste, que penetrando está nuestros corazones?
Todos	Si nuestra culpa acordamos, 1400 justamente padecemos.
Josef (Aparte.)	El ver que lo estén rehusando me ha puesto en mayor sospecha. En efecto, ese muchacho

	ha de venir a mis ojos,	1405
	o a todos diez he de daros,	
	por exploradores, muerte.	
	Y para que veáis que parto	
	términos entre justicia	
	y piedad, he de entregaros	1410
	el trigo que me pedís,	
	solo con que por resguardo	
	de que volveréis con él,	
	quede preso y aherrojado	
	uno de vosotros.	

Rubén   Puesto   1415
                que fuerza es que obedezcamos,
                mirad cuál queréis que quede.

Josef (Aparte.) Simeón fue el que más tirano
                en mi venta se mostró;
                no es venganza sino halago   1420
                el darle con que merezca,
                para que pueda, purgando
                más quien más pecó, alcanzar
                el perdón de su pecado.

Todos   A todos mira.

Josef   A éste elijo.   1425

(Señala a Simeón.)

Simeón   ¡Ay de mí!

Rubén   Como pecamos,
                padecemos. Simeón fue

	el que primero la mano	
	puso en él, y así el primero	
	padece el primero daño.	1430
Josef	Siquén.	
Copero	Señor.	
Josef	Ve con ellos,	
	y di que yo darles mando	
	todo el trigo que pidieren,	
	y al que ves que yo he nombrado	
	para que se quede en prendas,	1435
	lleva a una prisión.	
Rubén	Postrados	
	a tus pies, señor, verás	
	que obedecemos con tanto	
	afecto que haya quien culpe	
	más la priesa con que vamos	1440
	y volvemos, que pudiera	
	la tardanza, no mirando	
	que aquí es preciso lo presto,	
	y fuera culpa lo tardo.	

(Vanse.)

Copero	Venid, pues.	
Josef	Siquén.	
Copero	Señor.	1445
Josef	En habiendo ellos pagado	

el trigo, harás que les pongan
en las bocas de los sacos
el dinero a cada uno
que diere; y luego en llevando   1450
a la prisión al que elijo,
haz que no como a ordinario
preso le traten, y ya
que no sea con regalo,
sea con estimación.   1455

Copero   En todo servirte aguardo.

(Vase.)

Josef   ¿Cómo es posible, ¡ay, amor!,
                que haya yo podido tanto
                conmigo, que haya podido
                no admitirlos en mis brazos?   1460
                Mas hasta saber si es cierto
                que a Benjamín no ha alcanzado
                su rencor... Pero esto quede
                suspenso por este rato,
                que Asenet, deidad hermosa,   1465
                a quien debí el agasajo,
                sin saber cómo, de aquel
                delirio, éxtasis, o rapto,
                si no me engaña el deseo,
                que para hablarle obligado   1470
                otra ocasión no he tenido,
                entrando viene en palacio.

(Sale Asenet.)

Asenet   Quedaos todos. De esta vez

67

he de hablar al Rey tan claro
que sepa si de mi padre... 1475
Mas, ¿quién es quien está al paso?

Josef   Quien viéndoos, divina aurora
del Sol que buscando vais,
teme que os desvanezcáis,
como otras veces, ahora; 1480
y así, os suplico, señora,
no en esta ocasión paséis
tan veloz como soléis.
Ved que es piadoso rigor
el que, si hacéis un favor, 1485
con iros lo deshacéis.

Asenet   Si yo, Josef, entendiera
lo que me decís, bien creo
que a vuestro cortés deseo
cortés agrado siguiera; 1490
pero extraño de manera
la voz «favor» en el labio
de un hombre tan cuerdo y sabio,
que me hace el sonido horror.
¿Qué quiere decir «favor»?, 1495
que me suena como agravio.

Josef   Si es dejaros ver, y no
dejaros agradecer,
querer ser noble, y querer
que no lo parezca yo; 1500
y, si es que a lo que os debió,
el alma no ha respondido,
es que ocasión no he tenido;
y así, achacad lo tardado

	a culpa de desdichado,	1505
	no de desagradecido.	
Asenet	Pues, ¿cuándo me dejé ver	
	yo de vos, ni cuándo yo	
	con vos hice acción que no	
	pudisteis agradecer?	1510
Josef	Cuando al verme padecer	
	una duda que tenía,	
	que juzgase que la vía,	
	dijisteis. Ya lo juzgué	
	y la vi.	
Asenet	Pues pensad...	
Josef	¿Qué?	1515
Asenet	...que alguna ilusión sería;	
	y pues en sueños estáis	
	tan maestro que os enseñan	
	a explicar lo que otros sueñan,	
	explicaos lo que soñáis.	1520
Josef	Aun no me desconfiáis	
	con todo aquese baldón.	
Asenet	¿Cómo?	
Josef	Como la razón	
	publica en mis desempeños	
	que aunque los sueños son sueños,	1525
	sueños hay que verdad son.	

Asenet	¿Cómo puede ser verdad	
	que yo os hablase, ni viese,	
	ni que favor os hiciese,	
	cuando es tal mi vanidad	1530
	que si la hermosa deidad	
	de la Castidad hubiera	
	de tomar forma, no fuera	
	posible que otra tomara	
	que la mía, pues no hallara	1535
	quien más se la pareciera?	
	Ella y yo somos tan una	
	que nuestra gentilidad,	
	si retrata su deidad,	
	es de mí espejo en la Luna.	1540
	Apenas veréis alguna	
	estatua suya que no	
	se me parezca, y si vio	
	de paso la fantasía	
	vuestra alguna, ella sería,	1545
	porque no pude ser yo.	

Josef	No solo desengañado	
	(para no ser atrevido)	
	quedo, pero agradecido.	

Asenet	¿De qué?	

Josef	De que mi cuidado	1550
	se tiene más bien hallado	
	después que sé que ilusión	
	fue, que si en mi religión	
	por virtud la Castidad	
	adoré, la pariedad	1555
	disculpa la adoración.	

Asenet	No disculpa, que el desdén
	mío hará
(Aparte.)	(mas no hará tal,
	que no me parece mal
	el que le parezca bien) 1560
	que escarmentados estén
	todos en el que primero
	se atreva.
Josef	Aun bien, que no espero
	serlo yo.
Asenet	¿Por qué?
Josef	Porque
	nunca yo me atreveré, 1565
	señora, a decir que os quiero,
	porque, como la voz mía,
	ya ilusión, ya estatua sea
	la que dio cuerpo a la idea
	de mi ciega fantasía, 1570
	a decir tendría osadía,
	que desde aquel punto fue
	desde el que yo os adoré.
Asenet	Pues...
Josef	Suspended el castigo,
	que yo, en decir lo que digo, 1575
	digo lo que no diré.
Asenet	Ya en no decirlo incluyó
	por lo menos el saberlo.

Josef	Si quisisteis entenderlo vos, ¿qué culpa tengo yo? 1580
Asenet	¿Eso no es decirlo?
Josef	No.
Asenet	¿Pues qué? El darlo a entender es.
Josef	¿Daisme licencia?
Asenet	Sí.
Josef	Pues oíd atenta. Nadie ignora... pero el Rey...
Asenet	Callad ahora, 1585 mas decídmelo después.

(Sale el Rey.)

Rey	¿Asenet? ¿Josef? ¡Oh, cuánto de ver a los dos me huelgo!, que sois los dos mi mayor cuidado, de quien deseo 1590 desempeñarme.
Asenet	A tus pies humilde...
Josef	A tus plantas puesto...

Asenet	...siempre a tu obediencia estoy.
Josef	...y yo a tu servicio atento.
Rey	Tú, Asenet, habrás venido, 1595
	como otras veces, a efecto,
	claro está, de que en ti premie
	los servicios que confieso
	deber a tu padre.
(A Josef.)	Tú,
	acreedor de mis afectos 1600
	también estás, por haberme,
	no solamente mi reino
	restaurado, pero el mundo
	puedo decir, cuando veo
	que a todo el mundo le alcanza 1605
	tu gran providencia, siendo
	en tres idiomas tus nombres
	Josef, Salvador, y Aumento;
	con que viéndome obligado
	a dos deudas, no me atrevo 1610
	a resolver cuál será
	de ambos el más digno premio;
	y así, para que no yerre
	la elección, consultar quiero
	primero, Josef, contigo 1615
	el de Asenet; y luego
	contigo, hermosa Asenet,
	el de Josef, pues con eso,
	siendo vuestro el parecer,
	vendrá a ser mío el acierto. 1620
(Aparte, a Josef.)	Oye, pues, Josef: yo estimo
	tu persona con extremo
	tal, que asegurar quisiera

	el que no como extranjero de paso en Egipto vivas; para esto es el mejor medio tomar estado. Asenet es...	1625
Josef	Sin decirlo, te beso una y mil veces la mano por tal honra, bien que temo, si la merezco de ti, que de ella no la merezco.	1630
Rey (Aparte a Asenet.)	Eso sabré yo. Asenet, cuanto de Josef aprecio la persona, pues que todos lo saben, fuerza es saberlo tú también; si en él te diere otro yo, pues yo no puedo darme a mí...	1635
Asenet	Que no prosigas te suplico, pues es cierto que yo no tengo elección, que solo obediencia tengo.	1640
Rey	Pues ya que uno y otro sabe la merced que le prevengo, particípela uno a otro, que yo, a dos deudas atento, ni puedo pagar con más ni puedo cumplir con menos.	1645

(Vase.)

Josef	¿Atreveréme a saber
	de ti, divino portento 1650
	(que hasta oírlo de tus labios,
	no me persuado a creerlo),
	lo que el Rey te dijo?
Asenet	Nada
	me dijo a mí.
Josef	Según eso,
	a mí me lo dijo todo. 1655
Asenet	Pues dítelo tú a ti mesmo,
	sin que a mí me lo preguntes,
	que entre cariño y respecto,
	ni me está bien el decirlo
	ni me está bien el saberlo. 1660
(Vase.)	
Josef	Embarazóla el recato.
	¿Cuándo, oh infinito, oh inmenso
	Dios de Abrahán, Dios de Isaac,
	y Dios de Jacob, pudieron
	lograr tan altas fortunas 1665
	tan cortos merecimientos?
(Sale Copero.)	
Copero	¡Albricias, señor!
Josef	¿De qué?

Copero	De que, apresurando el tiempo,	
	que vuela más cuando vuela	
	con las alas del deseo,	1670
	ya a tus umbrales están	
	los diez hermanos hebreos.	

Josef	Diles que entren, y ve tú	
	a hacer que traigan el preso.	
	Aquí del segundo amor,	1675
	y no sé si del primero,	
	que entre amor que todo es sangre	
	y entre amor que todo es fuego,	
	a fuego y sangre es forzoso	
	lidiar con ambos afectos.	1680

(Vase el Copero. Salen los hermanos, Benjamín con ellos, y Bato, villano rústico.)

Todos	Danos, gran señor, tus plantas.	

Josef	Alzad, levantad del suelo.	

Rubén	Ya, señor, a Benjamín,	
	a pesar del sentimiento	
	y dolor de nuestro padre,	1685
	como mandaste, traemos	
	a tu presencia.	

Judás (A Benjamín.)	¿Qué aguardas?	
	Llega a sus pies.	

Benjamín	Si merezco	
	besar tu mano, será	
	la dicha mayor que puedo	1690

desear.

Josef

Por las noticias
que tus hermanos me dieron
de ti, quise verte; seas
bien venido.

(Aparte.)   ¿Cómo puedo
resistirme a no entrañarle   1695
dentro del corazón? Pero
aun me falta otra experiencia.
¡Cuánto de verte me huelgo!
¿Cómo dejas a tu padre?

Benjamín

Con el sumo desconsuelo   1700
de quedar sin mí.

Josef

  ¿Qué tanto
te ama?

Benjamín

Soy hijo postrero,
y quieren mucho a los hijos
los que los consiguen viejos;
y no solo esto, ni el ser   1705
hijo de Raquel, me ha puesto
en tanto grado de amor
(bien que sin merecimiento),
sino que tuve otro hermano,
de ella también hijo, y siendo   1710
así que faltó, el amor
que en dos partido, era medio,
todo se retrajo a mí.

Josef

¿De qué murió esotro?

Benjamín	Eso,	
	te suplico no preguntes.	1715
Josef	¿Por qué?	
Benjamín	Porque me enternezco	
	tanto que hablar no podré	
	si de mi Josef me acuerdo.	
	Baste saber que murió,	
	sin que refiera el suceso	1720
(Llora.)	tan trágico, como a manos	
	de una fiera.	
Josef	¿Cómo, cielos,	
	sus lágrimas y las mías	
	no están a voces diciendo	
	quién es, y quién soy?	
Benjamín	En fin	1725
	(pues que no es del caso esto),	
	mi anciano padre, señor,	
	agradecido en extremo	
	a tu liberalidad,	
	conmigo te envía un pequeño	1730
	regalo, porque no da	
	más de sí estéril el tiempo:	
	unos recentales, unos	
	panales, mantecas, quesos,	
	pobre don de pastor pobre;	1735
	pero en rendidos obsequios	
	más que lo que brilla el oro	
	vale lo que ahuma el incienso.	

(Sale el Copero, y Simeón.)

Copero	Ya, señor, tienes aquí
	el que en rehenes quedó preso. 1740
Simeón	Todos los brazos me dad.
Judás	No dirás que no volvemos
	presto por ti, Simeón.
Simeón	La fineza os agradezco.
Rubén (A Benjamín.)	Pues te escucha con agrado, 1745
	di que nos despache presto.
Benjamín	Ya, señor, que ves cumplido
	tu mandato, y que el deseo
	de nuestro padre estará
	tan cuidadoso hasta vernos, 1750
	te suplicamos nos vuelvas
	a dar licencia y sustento.
Rubén	Del trigo que mandes darnos
	traemos doblados los precios,
	porque allá tus cobradores, 1755
	o por olvido o por yerro,
	en los costales dejaron
	la cantidad del dinero
	del que llevamos entonces.
Josef	Está bien; pero primero 1760
	que os despache ni que os vais,
	en justo agradecimiento
	del regalo de Jacob,
	que comáis conmigo quiero.

(Aparte al Copero.)	Haz tú prevenir las mesas,	1765
	y mira lo que te advierto:	
	sirvan siempre a Benjamín	
	doblada porción; en esto	
	he de preferirle, hijo	
	de la hermosa Raquel; luego,	1770
	al entregarles el trigo,	
	vuelve a poner los dineros	
	como antes; pero añade	
	la copa de oro en que bebo	
	al costal de Benjamín.	1775
Copero (Aparte.)	Verás que en todo obedezco.	
	¿Qué misterios estos son	
	que yo ni alcanzo ni entiendo?	
(Vase.)		
Josef	Entrad, pues, entrad conmigo,	
	que éste es mi cuarto, en que quiero	1780
	que a mi mesa os sentéis todos.	
	¿Qué os detiene?	
Todos	Tu respecto.	
Rubén	Señor, humildes pastores	
	¿con tan alto, tan supremo	
	gobernador, que es segunda	1785
	persona del Rey excelso,	
	sentarse a comer? Ved que es	
	humanaros mucho.	
Josef	En eso	
	de ser segunda persona,	

humanarme, y dar sustento   1790
a todos los peregrinos
que a mí vienen, quizá el cielo
de otro pósito de pan
anda rastreando el misterio.

(Vanse, y queda solo Bato.)

Bato   Todo el tiempo que han habrado   1795
                me'stao un pazguato hecho,
                la boca abierta. ¿Quién vio
                habrirla para el silencio?
                A que sirva en el camino
                a Benjamín, mi amo el viejo   1800
                me invió, porque él no coide
                de aparejarse el jomento;
                y ve aquí que de su padre
                toma a la lletra el consejo,
                pues ni del jomento coida   1805
                ni de mí, que so lo mesmo.
                ¿Tanto hiciera de acordarse,
                ya que sentado lle veo
                a tal mesa, de decir:
                «lleven a aquel majiadero   1810
                este prato»? ¡Cuántos amos
                se sientan a comer ellos,
                sin saber si los criados
                comen, o no comen! Pero
                yo le quiero disculpar,   1815
                pues reclinado en el pecho
                del Virrey, como muchacho
                se aduerme, quizá suspenso
                de verse en tanta grandeza.
                ¡Qué apa'dores tan bellos!   1820

¡Qué viandas! ¡Qué bebidas!
¡Qué lucidos escoderos,
y qué pajes tan golosos!
Y deben de ser muy necios,
pues apenas a un rincón   1825
habran a un prato en secreto
natural, cuando le dejan
brumados todos los güesos.
Mas ya las mesas levantan,
y despedidos, es cierto   1830
que hacia el pósito del trigo
irán. A él seguirlos quiero,
para ayudar a cargar
los costales. Que no tengo
hartos amos que servir,   1835
nadie lo dirá, supuesto
que estamos aquestas horas,
ellos hartos, y yo hambriento.
¡Ay, que es tan grande el palacio
que no sé si salgo o entro,   1840
ni donde vengo ni voy!
Mas ¿cuándo yo vo ni vengo?
Haz'aquí el gobirlador
viene.

(Sale Josef.)

Josef   ¿Quién sois?

Bato   Si me acuerdo,
                  lo diré.

Josef   ¿Pues de quién sois   1845
                  os olvidáis?

Bato	No es muy nuevo, que muchos s'an olvidado de quién son.
Josef	¿Cómo aquí dentro entrasteis?
Bato (Anda Bato.)	Ansí.
Josef	¿Quién sois?
Bato	So, ahora que caigo en ello, 1850 de Benjamín jomentizo.
Josef	¿Qué queréis decir en eso?
Bato	¿Caballerizo no llaman el que acá en casa del dueño cuida los caballos?
Josef	Sí. 1855
Bato	Lluego será allá llo mesmo, pues será allá jomentizo quien coida de los jomentos.
Josef	¿De Benjamín sois criado?
Bato	Sí, señor.
Josef	No solo quiero 1860 enojarme ya con vos, sino antes favoreceros.

	Tomad aqueste diamante.	
Bato	Y ¿para qué es, señor, bueno, metido en este latón este pedazo de espejo?	1865

(Dentro Copero y todos; y luego salen.)

Copero	Todos habéis de pagar su culpa.	
Todos	Mirad primero...	
Benjamín	¡Ay, infelice de mí!	
Todos	...que, aunque pastores...	

(Sacan como preso a Benjamín, que traerá en la mano un cáliz dorado.)

Josef	¿Qué es eso?	1870
Copero	Es, señor, una osadía tan vil, un atrevimiento tan bajo, como después de honrarlos con tanto exceso tú, y entregarles yo todo el trigo que me pidieron, llevarse hurtada esta copa de oro, que es el cáliz bello de tu más precioso vino; y habiéndole echado menos, los he seguido, y hallado en el costal más pequeño del menor hermano, a quien	1875 1880

	no se le he quitado, atento	
	a que viéndole en su mano,	1885
	él diga su error.	

Josef
    Por cierto,
    que habéis tenido muy poca
    atención. Pues ¿mi festejo
    y mi agasajo?

Todos
    ¡Señor!

Josef
    Callad.

Benjamín
    Que me oigas te ruego.   1890

Bato
    ¡Miren el Benjaminito
    la maña que ha descubierto!

Benjamín
    Si el dinero que llevaron
    mis hermanos te volvieron,
    sin saber ellos quién fuese   1895
    quien allí le hubiese puesto,
    ¿no es más fácil creer que a mí
    me ha sucedido lo mesmo,
    que no creer que hay aquí hurto,
    que es humano sacrilegio   1900
    contra la sangre más noble?
    Pues, ya que no descendemos
    de reyes, descenderán
    reyes de nosotros.

Josef
    ¡Menos
    arrogancia, rapaz! ¿Cómo   1905
    habláis así, cuando veo

tan claro vuestro delito?
Y aunque de uno y otro, es cierto
que todos cómplices sois,
éste castigar pretendo,   1910
no más. La ley al que hurta
bienes de otro, en este reino
dispone que quede esclavo
el vil agresor del dueño
a quien los hurta; y así,   1915
bien podéis todos volveros,
porque Benjamín esclavo
mío ha de quedar.

Benjamín   No siento
quedar tu esclavo, señor,
que ese no es castigo, es premio.   1920
La nota, sí, y el dolor
de un anciano padre viejo,
que por mí te representa
que nunca tuvo consuelo
en la pérdida de un hijo,   1925
desdichadamente muerto.
Pues, ¿qué será la de otro,
muerto infamemente? Habiendo
de la desdicha a la culpa
(cuando en mí la hubiera) extremos   1930
tales como hay de morir
honrado a vivir sin serlo.
Duélete de él, no de mí,
que yo...

Josef   ¡No más! Ea, volveos
vosotros sin él, pues él   1935
mi esclavo queda.

86

Todos	Primero	
	que sin Benjamín volvamos	
	a vista, señor, de nuestro	
	venerable anciano padre,	
	las vidas nos quita.	
Rubén	Y si eso	1940
	(que morir el desdichado	
	ya es dicha) no merecemos,	
	mejor para esclavo yo,	
	de más servicio y provecho,	
	seré; truécale por mí.	1945
Manasés	Yo también por él me ofrezco.	
Simeón	¡Vuélveme a mí a mis prisiones!	
Judás	¡Sellen mi rostro tus hierros!	
Leví	¡Arrastre yo tus cadenas!	
Isacar	¡Ponme a mí una argolla al cuello!	1950
Neftalí	¡A mí el yugo de tu carro!	
Rubén	Que todos beber queremos...	
Gad	...confesando que esto es	
	pena de un delito nuestro...	
Rubén	...nuestra muerte en este cáliz	1955
	que está de amargura lleno...	

87

Todos	...antes que sin Benjamín volver.
Josef	¿Qué aguardo, qué espero, si confesando el delito con tan llorosos extremos, 1960 en mi cáliz de amarguras bebe su arrepentimiento? Dame, Benjamín, los brazos, que ya no cabe en el pecho roto el corazón. Rubén, 1965 llega tú también a ellos.
Rubén	Sin haberte dicho nunca, ¿mi nombre sabes?
Josef	No eso te admire. Llega Judá, Simeón, Leví, Gad...
Los cuatro	¿Qué es esto? 1970
Josef	...Isacar y Zabulón, Manasés y Aser, abiertos para todos están, ya que arrepentidos os veo. ¿Qué os admira, qué os espanta 1975 en mí este conocimiento si soy Josef, vuestro hermano? No os turbe verme en tal puesto, que de culpas, ya una vez confesadas, no me acuerdo. 1980
Unos	De confusos...

Otros	De turbados...	
Otros	De absortos...	
Otros	...y de suspensos,	
Todos	...no sabemos qué decirte.	
Josef	Ni yo sé qué responderos,	
	y más cuando de estas sombras	1985
	al ver la luz me enternezco.	
Bato	¿Qué hago yo aquí, que no voy	
	con estas nuevas al viejo?	
	¿Cuánto va que con sus años	
	a cuestas viene corriendo	1990
	a verle?; que un poco antes	
	o después, todo es del texto.	

(Vase, y sale el Rey, Asenet, y Músicos.)

Rey	¿Qué es esto, Josef, pues cuando	
	yo mismo a tu cuarto vengo	
	con Asenet, a lograr	1995
	tu mayor merecimiento,	
	llorando estás?	
Josef	Sí, señor,	
	que tal vez llora el contento.	
	Los que ves son mis hermanos,	
	y no solamente el verlos	2000
	me arrebató el corazón,	
	sino el pensar que anda entre ellos	

y entre mí un misterio.

Rey   ¿Cómo?

Josef   Como estar cerrado el cielo,
               necesitada la tierra,   2005
               venir ansiosos pidiendo
               pan mis hermanos, y hallarle
               del pósito que he dispuesto
               encerrado en la custodia,
               sentarse a mi mesa, y luego   2010
               ver el cáliz de ella en manos
               del que se durmió en mi pecho,
               que es el menor de los doce;
               ser él en su sentimiento
               el áspid de su delito;   2015
               llorarle a voces, diciendo
               que es pena de su pecado:
               visos son, sombras y lejos
               del prometido Mesías
               que a nuestros padres y abuelos   2024
               en vino y pan han previsto
               el más alto sacramento.

Rey   ¿Qué sacramento haber puede
               en el pan y el vino?

(Descúbrese un monte, y en él al Sueño en un carro triunfal.)

Sueño   Eso
               dirán mis ideas. Yo,   2025
               que desde este monte excelso,
               adonde la Castidad
               me dejó, por irse al pecho

90

	de Asenet, estoy mirando,	
	no solo que quiere el cielo	2030
	que a quien venció un torpe amor,	
	corone un amor honesto;	
	pero en cuatro sueños míos,	
	las señas deste misterio.	

Rey   ¿En cuatro sueños?

Sueño   Sí.

Rey   ¿Cuáles   2035
               son esos cuatro?

Sueño   El primero,
               el de Jacob, cuando llegue
               a ver a Josef, diciendo:

(Salen Jacob y Bato.)

Jacob   Dame, mi Josef, los brazos.
               ¿Es posible que te veo   2040
               vivo, al fin de tantos días
               como te he llorado muerto?

Josef   Habla al Rey y a Asenet, antes
               que a mí.

Jacob   Perdone el respecto,
               señor, que no estoy en mí,   2045
               que me parece que sueño,
               como cuando vi una escala
               en que los cielos abiertos
               se abrazaban con la tierra,

	explicando ángeles bellos	2050
	al hombre cuándo subían,	
	cuándo bajaban, al Verbo.	

Sueño	Ese el primer sueño es	
	de los cuatro, a quien siguieron	
	después del Verbo Encarnado,	2055
	el segundo y el tercero,	
	que al propósito de hoy	
	son los del pan y el sarmiento	
	en quien muerte y vida da,	
	se explicarán, repitiendo:	2060

(Aparecen las dos primeras Sombras, de gala, en el carro del abanico, elevadas en el aire.)

Sombra1	El pan, a quien devoraron	
	las aves, para que el reo	
	coma en él su juicio...	

Sombra2	El vino,	
	que exprimió racimo bello	
	para dar la vida...	

Sombra1	...ya	2065
	es pan que baja del cielo,	
	como se mira en aquel	
	sacrificio que incruento	
	es divina carne.	

Sombra2	...ya	
	es la sangre del cordero,	2070
	sacrificado en el ara	
	de la cruz, de cuyo pecho	

se recogió el cáliz.

Asenet   ¿Quién
                    asegura todo eso?

(Descúbrese en un carro un altar, con sacrificio de panes; y al decir los versos
de arriba, da vuelta el escotillón, y vese una Forma grande; y en otro carro, un
sacrificio de vino; y dando vuelta, se descubre un cáliz, y la Fe, elevada entre
las dos Sombras.)

Fe   Yo lo aseguro, que soy   2075
                    la Fe, que interior lo veo,
                    teniendo por el oído
                    cautivo el entendimiento.

Rey   Y el cuarto sueño que falta,
                    ¿cuál es?

Sueño   Es tu mismo sueño;   2080
                    pues a la grande abundancia
                    en cuyo siglo primero
                    gozó la naturaleza
                    descanso, paz, y sosiego,
                    sucedió (por sus pecados)   2085
                    la esterilidad del tiempo,
                    y pudo la Providencia
                    reparar sus daños, siendo
                    la Iglesia la troj del pan
                    que en general alimento   2090
                    de los hermanos de Cristo,
                    hizo la gracia herederos,
                    explicada en Asenet,
                    que es de Castidad ejemplo.

Rey	¿Cuándo aqueso ha de ser?
Sueño	Cuando 2095 descendiendo de uno de esos doce linajes o tribus, hombre y Dios en alma y cuerpo, y en cuerpo y alma se dé en tan alto sacramento. 2100
Rey	A tanto prodigio yo, con ser gentil, me convierto.
Josef	Eso es la gentilidad ser de la viña heredero.
Asenet	Yo, a tanto pasmo vencida, 2105 ofrezco ser tuya.
Josef	Eso es, con cada virtud Cristo celebrar su casamiento.
Unos	Todos a tan grande asombro...
Otros	Todos a tan gran portento, 2110 por convencidos nos damos.
Sueño	Pues sea, todos diciendo:
Músicos	Albricias, mortal, albricias, que aunque los sueños son sueños, sueños hay que verdad son. 2115
Todos	Perdonad sus muchos yerros.

(Tocan chirimías, y cerrándose los carros, se da fin al auto.)

Fin

Libros a la carta

A la carta es un servicio especializado para
empresas,
librerías,
bibliotecas,
editoriales
y centros de enseñanza;
y permite confeccionar libros que, por su formato y concepción, sirven a los propósitos más específicos de estas instituciones.

Las empresas nos encargan ediciones personalizadas para marketing editorial o para regalos institucionales. Y los interesados solicitan, a título personal, ediciones antiguas, o no disponibles en el mercado; y las acompañan con notas y comentarios críticos.

Las ediciones tienen como apoyo un libro de estilo con todo tipo de referencias sobre los criterios de tratamiento tipográfico aplicados a nuestros libros que puede ser consultado en Linkgua-ediciones.com.

Linkgua edita por encargo diferentes versiones de una misma obra con distintos tratamientos ortotipográficos (actualizaciones de carácter divulgativo de un clásico, o versiones estrictamente fieles a la edición original de referencia). Este servicio de ediciones a la carta le permitirá, si usted se dedica a la enseñanza, tener una forma de hacer pública su interpretación de un texto y, sobre una versión digitalizada «base», usted podrá introducir interpretaciones del texto fuente. Es un tópico que los profesores denuncien en clase los desmanes de una edición, o vayan comentando errores de interpretación de un texto y esta es una solución útil a esa necesidad del mundo académico.

Asimismo publicamos de manera sistemática, en un mismo catálogo, tesis doctorales y actas de congresos académicos, que son distribuidas a través de nuestra Web.

El servicio de «libros a la carta» funciona de dos formas.

1. Tenemos un fondo de libros digitalizados que usted puede personalizar en tiradas de al menos cinco ejemplares. Estas personalizaciones pueden ser de todo tipo: añadir notas de clase para uso de un grupo de estudiantes, introducir logos corporativos para uso con fines de marketing empresarial, etc. etc.

2. Buscamos libros descatalogados de otras editoriales y los reeditamos en tiradas cortas a petición de un cliente.